THE WEAPONS ENCYCLOPÆDIA

TANK AIRCRAFT AFV SHIP ARTILLERY VEHICLES SECRET WEAPON

SEMOVENTI 75-34/46, 105/25, 90/53 e 149/40

THE WEAPONS ENCYCLOPAEDIA

EDITORIAL STAFF

Luca Cristini, Paolo Crippa.

REDAZIONE ACCADEMICA

Enrico Acerbi, Massimiliano Afiero, Aldo Antonicelli, Ruggero Calò, Luigi Carretta, Flavio Chistè, Anna Cristini, Carlo Cucut, Salvo Fagone, Enrico Finazzer, Arturo Giusti, Björn Huber, Andrea Lombardi, Aymeric Lopez, Marco Lucchetti, Gabriele Malavoglia, Luigi Manes, Giovanni Maressi, Francesco Mattesini, Daniele Notaro, Péter Mujzer, Federico Peirani, Alberto Peruffo, Maurizio Raggi, Andrea Alberto Tallillo, Antonio Tallillo, Massimo Zorza.

PUBLISHED BY

Luca Cristini Editore (Soldiershop), via Orio, 35/4 - 24050 Zanica (BG) ITALY.

DISTRIBUTION BY

Soldiershop - www.soldiershop.com, Amazon, Ingram Spark, Berliner Zinnfigurem (D), LaFeltrinelli, Mondadori, Libera Editorial (Spain), Google book (eBook), Kobo, (eBoook), Apple Book (eBook).

PUBLISHING'S NOTES

None of unpublished images or text of our book may be reproduced in any format without the expressed written permission of Luca Cristini Editore (already Soldiershop.com) when not indicate as marked with license creative commons 3.0 or 4.0. Luca Cristini Editore has made every reasonable effort to locate, contact and acknowledge rights holders and to correctly apply terms and conditions to Content. Every effort has been made to trace the copyright of all the photographs. If there are unintentional omissions, please contact the publisher in writing at: info@soldiershop.com, who will correct all subsequent editions.

LICENSES COMMONS

This book may utilize part of material marked with license creative commons 3.0 or 4.0 (CC BY 4.0), (CC BY-ND 4.0), (CC BY-SA 4.0) or (CC0 1.0). We give appropriate attribution credit and indicate if change were made in the acknowledgments field. Our WTW books series utilize only fonts licensed under the SIL Open Font License or other free use license.

CONTRIBUTORS OF THIS VOLUME & ACKNOWLEDGEMENTS

Ringraziamo i principali collaboratori di questo numero: I profili dei carri sono tutti dell'autore. Le colorazioni delle foto sono di Anna Cristini. Ringraziamenti particolari a istituzioni nazionali e/o private quali: Stato Maggiore dell'esercito, Archivio di Stato, Bundesarchiv, Nara, Library of Congress, Wikipedia, USAF, Signal magazine, Cronache di guerra, Fronte di guerra, IWM, Australian War Museum, ecc. A P.Crippa, A.Lopez, L.Manes, C.Cucut, archivi Tallillo. Model Victoria (www.modelvictoria.it) ecc. per avere messo a disposizione immagini o altro dei loro archivi.

For a complete list of Soldiershop titles, or for every information please contact us on our website: www.soldiershop.com or www.cristinieditore.com. E-mail: info@soldiershop.com. Keep up to date on Facebook https://www.facebook.com/soldiershop.publishing

Titolo: **SEMOVENTI ITALIANI - VOL. 2: 75/34-75/46-105/25-90/53-149/40** Code.: **TWE-020 IT**
Collana curata da L. S. Cristini
ISBN code: 979125589-0775. Prima edizione Marzo 2024
THE WEAPONS ENCYCLOPAEDIA (SOLDIERSHOP) is a trademark of Luca Cristini Editore

SEMOVENTI ITALIANI VOL. 2
75/34-75/46-105/25
90/53-149/40

LUCA STEFANO CRISTINI

BOOK SERIES FOR MODELERS & COLLECTORS

INDICE

▲ Una delle prime immagini del prototipo del semovente 75/34 nel cortile delle officine Ansaldo-Fossati di Sestri Ponente il 26 febbraio 1943. Archivio di Stato.

INTRODUZIONE

Questo è il secondo e conclusivo libro sui semoventi delle forze militari italiane fino al 1945. Nel primo volume abbiamo trattato del semovente da 75/18, e molto parzialmente del 75/34. Altri semoventi "leggeri" italiani li abbiamo trattati all'interno dei due volumi sui carri leggeri: CV33 L3 e il modello L6 40. Qui completeremo più approfonditamente i modelli successivi e più moderni: i semoventi 75/34, 75/46, 105/25, 90/53 e il 149/40. Tutta la famiglia dei caccia-carri italiani, furono studiati per garantire l'appoggio a tutte le nostre forze corazzate, che spesso non riuscivano a contrastare i mezzi avversari.

I nostri semoventi, specialmente quelli della seconda generazione di cui parliamo in questo volume, ma anche i 75/18, durante la Seconda guerra mondiale, furono in grado di combattere alla pari contro quasi tutti i mezzi corazzati avversari. A dimostrazione della bontà dei mezzi, occorre ricordare che persino la Wehrmacht, solitamente poco tenera nei giudizi "non ufficiali" sui mezzi italiani, trovava invece assai ben fatti i semoventi, tanto che dopo l'8 settembre furono i mezzi italiani che riutilizzò maggiormente. Le motivazioni serie e corpose della presenza di questi mezzi pesanti facevano riferimento alla necessità, per l'esercito italiano, di avere a disposizione mezzi corazzati in grado di contrastare quelli avversari, americano, inglesi e russi.

▲ Un semovente italiano 75/34 già di preda tedesca, appena catturato dai soldati britannici della 78ª divisione di fanteria che stanno esaminando il mezzo. Gli inglesi hanno anche già provveduto a cancellare la *balkenkreuz* tedesca e mettere al suo posto il *battleaxe badge* della loro divisione. Italia, maggio 1944.

SEMOVENTE 75/34 M42 M CESANO DI ROMA, ITALIA, SETTEMBRE 1943

▲ Semovente M42 da 75-34 appartenente al CXXXV Battaglione Controcarri della 135ª Divisione Corazzata Ariete II. Cesano di Roma, settembre 1943.

SEMOVENTE 75-34

INTRODUZIONE

Il Semovente da 75/34 lo abbiamo già in parte presentato, in poche righe sul primo volume dedicato ai semoventi italiani. Il mezzo, evoluzione del più famoso e diffuso 75/18 era anch'esso un cannone semovente d'assalto (SPG) prodotto dalla Fiat-Ansaldo per il Regio Esercito. Il principale modello di questo semovente è il M42 M, mentre verso la fine della guerra ne furono prodotti alcuni esemplari del modello M43. Dopo l'armistizio e il successivo avvio della avventura repubblicana nel nord Italia, tale mezzo venne adottato, sia pure in numeri piuttosto bassi, anche dalla R.S.I.

LO SVILUPPO

Il Regio Esercito aveva già adottato nel 1940 due semoventi/cannoni d'assalto: il semovente L40 da 47/32 e il semovente M41 da 75/18 per l'accompagnamento della fanteria e come cacciacarri. Quest'ultimo in particolare si rivelò l'unico corazzato italiano in grado di reggere il confronto con i carri armati britannici. Resisi conto che l'obice da 75/18 non era più una scelta ottimale, nel giugno 1941 il vertice del Regio Esercito richiese all'Ansaldo un semovente ancora più prestante, richiesta cui la ditta ottemperò proponendo l'installazione del cannone 75/32 Mod. 1937 sullo scafo del semovente M41, derivato a sua volta dal carro armato medio M14/41. La soluzione non soddisfece però l'esercito che, nell'ottobre 1942 impose ai tecnici dell'azienda di installare il pezzo 75/34 Mod. S.F. sullo scafo del semovente M42. Questa seconda variante soddisfece lo Stato maggiore e il 29 aprile 1943 fu ufficialmente adottato il "Semovente M42 M (modificato) da 75/34", ordinato in numero di 280 esemplari. I primi mezzi entrarono in servizio in maggio. Prima dell'armistizio ne furono realizzati poco più di 90 esemplari che andarono ad equipaggiare i seguenti reparti dell'esercito:

▲ Nell'autunno 1944 molti mezzi del "San Giusto" ricevettero una mimetica molto complessa, realizzata con un fitto reticolo di macchie marroni e verdi sul fondo giallo sabbia, come questo semovente da 75/34 (Viziano).

▲ Un semovente M42M da 75/34 all'esterno dello stabilimento Ansaldo-Fossati di Sestri Ponente. Si trattava di un veicolo di serie assemblato il 26 marzo 1943. Fonte: *Gli Autoveicoli da Combattimento dell'Esercito Italiano*.

▼ Raro residuato bellico di semovente 75/34 conservato a Messina presso il monumento a ricordo dei carristi.

-Il XIX Battaglione Carri M della 1ª Divisione corazzata "M": basato su 2 batterie semoventi ed 1 compagnia carri M15/42; ogni batteria era dotata di un Semovente Comando e di tre sezioni su 4;
-Il XXX Battaglione controcarro della 30ª Divisione fanteria "Sabauda" su 2 compagnie;
-Il CXXXV Battaglione controcarro della 135ª Divisione corazzata "Ariete II" su 3 compagnie;
-Il 31° Reggimento fanteria carrista e il Reggimento "Cavalleggeri di Alessandria" (14°).
Dopo l'armistizio l'Esercito Nazionale Repubblicano ne assegnò alcuni al Gruppo squadroni corazzato "San Giusto". Nello stesso periodo anche la Wehrmacht impiegò 80 esemplari di nuova produzione e 36 di preda bellica catturati agli italiani, ribattezzando il mezzo StuG M42 mit 75/34 (851) (i). Il mezzo fu assegnato ad una compagnia per ogni Panzerjäger Abteilung (battaglione cacciacarri) di molte divisioni dello Heer e ad alcuni reparti di Fallschirmjäger della Luftwaffe presenti in Italia.

■ CARATTERISTICHE TECNICHE

L'impostazione del nuovo semovente riprende quella dei suoi predecessori da 75/18. Lo scafo M42 deriva dal carro M15/42, del quale conserva treno di rotolamento con sospensioni a balestre semiellittiche, il motore Fiat-SPA 15TB a benzina da 192 hp e la sezione centro-posteriore dello scafo, senza la torretta. La parte anteriore del mezzo è costituita da una casamatta corazzata in lamiere bullonate, spessa sul settore anteriore 50 mm. A differenza del 75/18, e a causa del maggiore rinculo del nuovo cannone da 75/34, la sovrastruttura corazzata fu allungata di 11 cm nella parte anteriore. Un dettaglio facilmente notabile è la presenza di un terzo catenaccio sulla parte superiore della piastra corazzata frontale angolata. Il conduttore siede a sinistra ed ha a disposizione una feritoia con portello corazzato. Oltre al conduttore, nella casamatta prendevano posto il capocarro-cannoniere, che per il puntamento (manuale) del pezzo aveva a disposizione un periscopio, ed il servente, che eventualmente azionavano la mitragliatrice Breda Mod. 38 che poteva essere installata sul cielo del mezzo in funzione antiaerea e per la difesa a corto raggio. Il cannone 75/34 Mod. S.F., progettato per il tiro anticarro, è installato sempre al centro della casamatta

SCHEDA TECNICA		
	75/34 M42/M43	75/46
Lunghezza	5040 mm	5100 mm
Larghezza	2230 mm	2400 mm
Altezza	1850 mm	1750 mm
Data inizio e fine servizio	1942-1945	1944-1945
Peso totale	15.300 kg	15.800 kg
Equipaggio	3	3
Motore	Fiat SPA 15TB M42 benzina 8 cilindri a V, 11980 cm³	
Velocità massima	40 km/h su strada 15 km/h fuori strada	35 km/h su strada 15 km/h fuori strada
Autonomia	200 km su strada 5 h fuori strada	180 km su strada 5 h fuori strada
Produzione totale	145 veicoli	da 11 a 18 veicoli
Spessore corazza	Da 14,5 a 50 mm	Da 15 a 100 mm
Armamento	cannone da 75/34 Mod. S.F. con 46 granate. Secondario: 1 mitragliatrice Breda Mod. 38 da 8 mm con 1104 colpi	cannone Ansaldo 75/46 C.A. Mod. 1934 con 42 granate. Secondario: 1 mitragliatrice Breda Mod. 38 da 8 mm con 1000 colpi

▲ Vista del cannone da 75/34 Modello SF montato su cavalletti nello stabilimento Ansaldo-Fossati. Fonte: fondazioneansaldo.com. Nella foto piccola: la mitragliatrice Media Breda Modello 1938 da 8 mm versione per blindati.

▼ Un semovente M42M da 75/34 fuori uso già in servizio tedesco, e catturato dagli alleati con altro materiale.

▲ Alcuni soldati italiani si addestrano a lanciare bombe a mano anticarro Breda modello 1942 contro un semovente M42 da 75/34 del Reggimento di Cavalleria 'Cavalleggeri di Alessandria'. Archivio di Stato.

su un supporto semisferico, che permette un limitato brandeggio di 20° a destra e 20° a sinistra, con un alzo da -12° a +22°. Anche gli scaffali interni per le munizioni vennero aggiornati per poter consentire il carico di 45 colpi da 75 e circa 1400 proiettili per le mitragliatrici. La aumentata capacità di interdizione di questi nuovi mezzi fece si che sia gli italiani che i tedeschi usassero il mezzo non tanto in funzione supporto o artiglieria semovente ma soprattutto in chiave caccia carri. Come già il 75/18, anche il nuovo mezzo aveva una armatura interamente entrambe imbullonate a un telaio interno. Questa disposizione non era ottimale, ed era di concezione superata; tuttavia, facilitava la sostituzione di un elemento di armatura nel caso dovesse essere riparato. L'armatura venne rinforzata sui fianchi fra i 25 e i 30 mm mentre la piastra frontale anteriore aveva uno spessore di 50mm. Sul tetto invece manteneva uno spessore di 15 mm, scarso la corazzatura del fondo o del pavimento. Solo 6mm che ovviamente non bastavano a riparare dall'esplosione di mine.

Il motore del Semovente M42M era lo stesso, ma leggermente potenziato, in uso sui precedenti Semovente M42 da 75/18 e Carro Armato M15/42. Oltre all'aumento di cilindrata, che migliorava le prestazioni complessive del veicolo, la novità fu che il nuovo motore funzionava a benzina invece che a gasolio, che invece alimentava i motori del Carro Armato M13/40, Carro Armato M14 /41 e gli SPG basati sui loro scafi. Il passaggio dal gasolio alla benzina fu dovuto al fatto che le riserve italiane di gasolio erano quasi completamente esaurite già a metà del 1942. Sul nuovo Semovente M42M da 75/34, grazie all'aumento dello spazio nel vano motore, la capacità del serbatoio del carburante fu aumentata a 367 litri nei serbatoi principali, più 40 litri nel serbatoio di riserva, per un totale di 407 litri. Che offrivano nei fatti una maggiore autonomia operativa. Il nuovo motore FIAT ebbe anche un cambio rinnovato con 5 marce avanti e una retromarcia, una marcia in più rispetto ai veicoli precedenti. La sospensione era la stessa del 75/18, del tipo a balestra semiellittica. Questo tipo di sospensione era obsoleto e rallentava sensibilmente la marcia del veicolo. Inoltre, era anche molto vulnerabile al fuoco nemico o alle mine. Il telaio del nuovo M42 aveva cingoli larghi 26 cm con 86 maglie per lato, sei in più rispetto ai Carri Armati M13/40, M14/41 e Semoventi 75/18, a causa dell'allungamento dello scafo.

La fornitura radio del mezzo consisteva in un Apparato Ricetrasmittente Radio Fonica 1 per Carro Armato o Apparato Ricevente RF1CA. Si trattava di una stazione radiotelefonica e radiotelegrafica della potenza di 10 Watt sia in fonia che in telegrafia contenuta in una scatola di dimensioni 35 x 20 x 24,6 cm e del peso di circa 18 kg. Era posizionato sul lato sinistro della sovrastruttura, dietro il cruscotto del

SEMOVENTE 75/34 M42 M CESANO DI ROMA, ITALIA, SETTEMBRE 1943

▲ Semovente M42 da 75-34 appartenente al CXXXV Battaglione Controcarri della 135ª Divisione Corazzata Ariete II. Cesano di Roma, settembre 1943.

▲ Un semovente M42 da 75/34 viene caricato su un rimorchio francese "La Buire". Il rimorchio è trainato da un carro M13/40 del Gruppo Squadroni Corazzati "San Giusto". La fotografia è stata scattata nella strada principale di Mariano del Friuli (Arena).

conducente. La gamma di frequenza operativa era compresa tra 27 e 33,4 MHz. Aveva un raggio di azione di circa 8 km in modalità vocale e 12 km in modalità telegrafica. Queste distanze però si riducevano drasticamente quando i cannoni semoventi erano in movimento. L'antenna della radio montata su questo nuovo semovente era di nuovo tipo. In precedenza, le vecchie antenne delle radio erano più complesse da spostare, abbassare ecc. e poteva essere fatta solo dall'interno del mezzo. Questa nuova assai più pratica si abbassava manualmente in qualsiasi angolazione.

◼ L'ARMAMENTO

L'arma principale in dotazione al 75/34 era il cannone da 75/34 Modello SF [Sfera]; esso derivava direttamente dal Cannone a Grande Gittata da 75/32 Modello 1937 progettato dall'Arsenale Regio Esercito di Napoli. Come già detto, alla richiesta da parte dello Sato Maggiore dell'esercito di un cannone a canna lunga 75 mm, Ansaldo rispose con un Cannone da 75/36 totalmente nuovo che, tuttavia, per alcune sue deficienze, non piacque ai militari e non entrò mai in produzione. L'Arsenale di Napoli propose allora un Cannone da 75/34 ottenuto montando una nuova canna, appositamente studiata qualche anno prima come cannone da carro armato. La soluzione dell'Arsenale Regio Esercito di Napoli fu quella poi prescelta per il nuovo semovente! Esso aveva in dotazione 45 colpi disponibili all'interno della casamatta, insieme a quasi 1400 proiettili per la Breda.

Il mirino era montato sul lato destro del cannone, e poteva agire grazie ad un piccolo portello apribile sul tetto. Veniva poi smontato in quelle situazioni in cui non veniva utilizzato o quando il portello era chiuso. Come armamento secondario troviamo sempre la immancabile Mitragliatrice Media Breda Modello 1938 da 8 mm. Sul Semovente M42M da 75/34 la mitragliatrice poteva venire montata su un supporto antiaereo sul tetto del veicolo. Quando non era impiegata in ruolo antiaereo, la mitragliatrice veniva riposta su un supporto sullo sponsor destro del compartimento di combattimento. Il nostro semovente adottò anche un complesso sistema di granate nebbiogene, introdotte copiando un sistema tedesco. Tuttavia, questa cortina di fumo veniva ottenuta solo sul retro del carro dimostrando la relativa poca affidabilità del sistema.

SEMOVENTE 75/34 M42 M SERVIZIO GERMANICO, RIMINI, ITALIA, ESTATE 1944

▲ Semovente M42 da 75-34 su scafo M42 (StuG M42 75-34 851 (i) appartenente alla 2ª compagnia 114° Panzerjager Abteilung, Rimini, Italia, estate 1944.

L'equipaggio del mezzo era costituito da tre militari: il conducente che era posizionato sulla sinistra del veicolo (alla sua destra c'era la culatta del cannone); il comandante/artigliere era posizionato a destra della culatta del cannone e il caricatore/operatore radio a sinistra, dietro il conducente. Gli incarichi assegnati al comandante erano il dovere ispezionare il campo di battaglia, individuare bersagli, mirare, aprire il fuoco e, allo stesso tempo, dare ordini al resto dell'equipaggio e ascoltare tutti i messaggi trasmessi dall'operatore radio. Molte le mansioni assegnate anche al caricatore/servente che divideva di fatto con il comandante. In ogni caso il personale a bordo dei semoventi era sempre scelto fra i migliori, mentre tutti gli altri venivano assegnati ai carri armati medi o leggeri. Queste truppe d'élite, per così dire, non garantivano solo un miglior fuoco dei pezzi loro assegnati, ma anche una decisamente migliore manutenzione del mezzo semovente. Di tutti i pezzi prodotti del 75/34 non si hanno numeri esatti, a causa della enorme confusione venutasi a creare a cavallo dell'armistizio, ma si stimano in quasi 150 esemplari, perlomeno quelli consegnati fino al 8 settembre del 1943. Di tutti questi, i tedeschi ne catturarono subito 36. Gli stessi tedeschi poi fecero ripartire la produzione del mezzo e per la fine del 1943 ne ottennero altri 50. Nel 1944 l'Ansaldo produsse poi ulteriori 25 semoventi da 75/34 basati sullo scafo del Ansaldo 105/25 M.43. Questo differisce dai precedenti per le dimensioni, essendo più largo e più basso, e per la corazzatura maggiorata. Questi mezzi, ribattezzati StuG M43 mit 75/34 851(i), furono tutti utilizzati solo dai tedeschi in Italia settentrionale e nei Balcani.

■ CONCLUSIONI

Il semovente M42M da 75/34 fu uno degli ultimi progetti italiani ad essere prodotto prima dell'Armistizio. Nel complesso aveva caratteristiche interessanti, a partire certamente dall'arma che era in grado affrontare molti carri armati medi alleati, cosa che i suoi predecessori non erano stati in grado di fare. Per contro, aveva molte note dolenti e deficitarie. Realizzato su un telaio inadeguato, angusto all'interno e soggetto a frequenti guasti, dotato di un equipaggio insufficiente al rendimento richiesto, costretto a svolgere troppi compiti.

▲ Il semovente M42M da 75/34 in servizio tedesco (vedi il profilo a pagina di fronte) con la nuova antenna ripiegabile. Notate anche l'aggiunta di quattro denti sulla ruota dentata anteriore.

SEMOVENTE 75/34 M42 M SERVIZIO GERMANICO, ITALIA O BALCANI, 1944

▲ Semovente M42 da 75-34 su scafo M42 (StuG M42 75-34 851 (i) appartenente a un'unità tedesca operante in Italia o nei Balcani 1944.

SEMOVENTE 75-46

■ INTRODUZIONE

Il semovente M43 da 75/46, anche detto M42L (dove L stava per lungo), essendo appunto più lungo di 4 cm rispetto al M42. É stato l'ultimo cannone semovente (SPG) prodotto dall'Italia durante la Seconda guerra mondiale. Era basato sul precedente telaio Semovente M43, ma presentava una nuova arma-tura spaziata che offriva una migliore protezione all'equipaggio. Fu sviluppato da aziende italiane su richiesta tedesca dalla fine del 1943. Furono prodotti in totale da 11 a 18 veicoli, ma la maggior parte dei veicoli fu consegnata ai tedeschi, che li schierarono nella penisola italiana contro le forze alleate nelle ultime fasi della Seconda Guerra Mondiale. Esso rappresentò il più potente semovente caccia-carri italiano della Seconda guerra mondiale.

■ LO SVILUPPO

Il mezzo derivava dal semovente M43 "Bassotto", adottato dal Regio Esercito nel 2 aprile del 1943 e arma-to con l'obice da 105/25 di cui parleremo nel capitolo successivo. Il progettista dell'Ansaldo, l'ingegnere Giuseppe Rosini, sviluppò il nuovo cacciacarri installando sullo stesso scafo M43 il potente cannone contraereo 75/46 C.A. Mod. 1934, rivelatosi assai eccellente come pezzo controcarri. L'armistizio di set-tembre non bloccò il programma, che venne ripreso dagli occupanti tedeschi, con la produzione di 8 esemplari nel '43 e 3 nel '44 ribattezzati StuG M43 mit 75/46 852(i).

■ CARATTERISTICHE TECNICHE

Lo scafo M43 utilizzato per il semovente derivava da quello del carro armato M.15/42, allargato e abbas-sato, con frontale ridisegnato e lamiere laterali saldate invece che imbullonate. Rispetto allo scafo M43 del "Bassotto", del quale mantiene le caratteristiche meccaniche e prestazionali generali, quello del semovente da 75/46 aveva la corazzatura rinforzata che, sulla facciata anteriore, passava da 70 mm a 100 mm, da 45 mm a 60 mm sulle piastre laterali e da 25 mm a 35 su quelle posteriori. Il vano di combattimento era costituito dalla casamatta fissa imbullonata e saldata, armata con il cannone Ansaldo 75/46 C.A. Mod.

▲ Bella immagine del semovente M43 da 75/46 posto all'esterno dello stabilimento Ansaldo-Fossati. In questa im-magine, è ben visibile la mimetica Continentale del 1944 e il nuovo supporto della Breda. Colorazione dell'autore.

1934 su supporto sferico, con brandeggio manuale di 34° ed alzo da -12° a + 22°. Il cannone aveva una capacità di penetrazione (su piastre verticali) che andava da 98 mm (ad una distanza di 100 m) a 67 mm (ad una distanza di 2400 m). L'armamento è completato da una mitragliatrice Breda Mod. 38 da 8 mm per la difesa ravvicinata ed antiaerea operata dal capocarro/cannoniere, mentre il servente/operatore radio aveva a disposizione per le comunicazioni a livello di batteria di una radio Magneti Marelli RF1 CA. Il cannone da 74/46 era davvero un buon cannone di artiglieria. Aveva un'elevata velocità iniziale della volata grazie all'uso di un potente propellente e alla lunghezza della canna, una velocità di fuoco sostenuta. La culatta della pistola aveva un sistema per passare dall'apertura manuale a quella semiautomatica, con una velocità di fuoco massima di 15 colpi al minuto con un equipaggio addestrato. La sua velocità iniziale era di 800 m/s e la portata massima era di 8.500 m nel ruolo antiaereo (ruolo per il quale il pezzo era stato progettato) e di 13.000 m contro bersagli terrestri.

MODIFICHE TEDESCHE

Nei fatti, questo moderno semovente godette in buona parte del know-out dell'ingegneria tedesca, giacché l'Abteilung Waffen und Gerät beim Wehrkreiskommando 6 (Dipartimento armi ed equipaggiamenti del quartier generale del distretto militare n. 6 in Italia) prese in mano le redini industriali delle officine italiane, adottando criteri costruttivi e/o varianti che portassero tali mezzi agli standard utili per l'esercito tedesco cui erano destinati. Furono loro a potenziare enormemente la corazzatura facendo crescere il peso totale di oltre 600 kg. Lo stesso cannone montato fu adattato anche per poter sparare munizioni tedeschi del tipo Pak 40. Oltre alle nuove piastre corazzate, altri aggiornamenti furono apportati sui semoventi italiani prodotti per i tedeschi. Questi includevano 4 denti più gran-

▲ Il cannone montato sul 75/46 derivava dall'omonimo pezzo contraereo, nell'immagine utilizzato da una compagnia della Flak tedesca. Bundesarchiv. Colorazione autore. Nell'immagine piccola: altra vista del 75/46 alla Ansaldo.

SEMOVENTE 75/46 M42 T CACCIACARRI, ITALIA 1943

▲ Semovente M42T da 75-46 versione cacciacarri con antenna ripegata di 90°, Italia 1943.

▲ Un semovente M43 da 75/46 utilizzato per l'addestramento di reparti Panzerjäger tedeschi in Italia. Sono visibili il Nebelkerzenabwurfvorrichtung mit Schutzmantel per l'uso di granate fumogene. A lato: l'impianto radio montato a bordo dei semoventi (dal manuale di bordo originale).

▼ Semovente M43 da 75/46 (a sinistra) accanto a un semovente M43 da 105/25 senza le minigonne laterali (a destra). A parte l'armamento principale e le piastre corazzate aggiunte, i veicoli erano identici.

SEMOVENTE 75/46 M42 T CACCIACARRI, ITALIA 1943

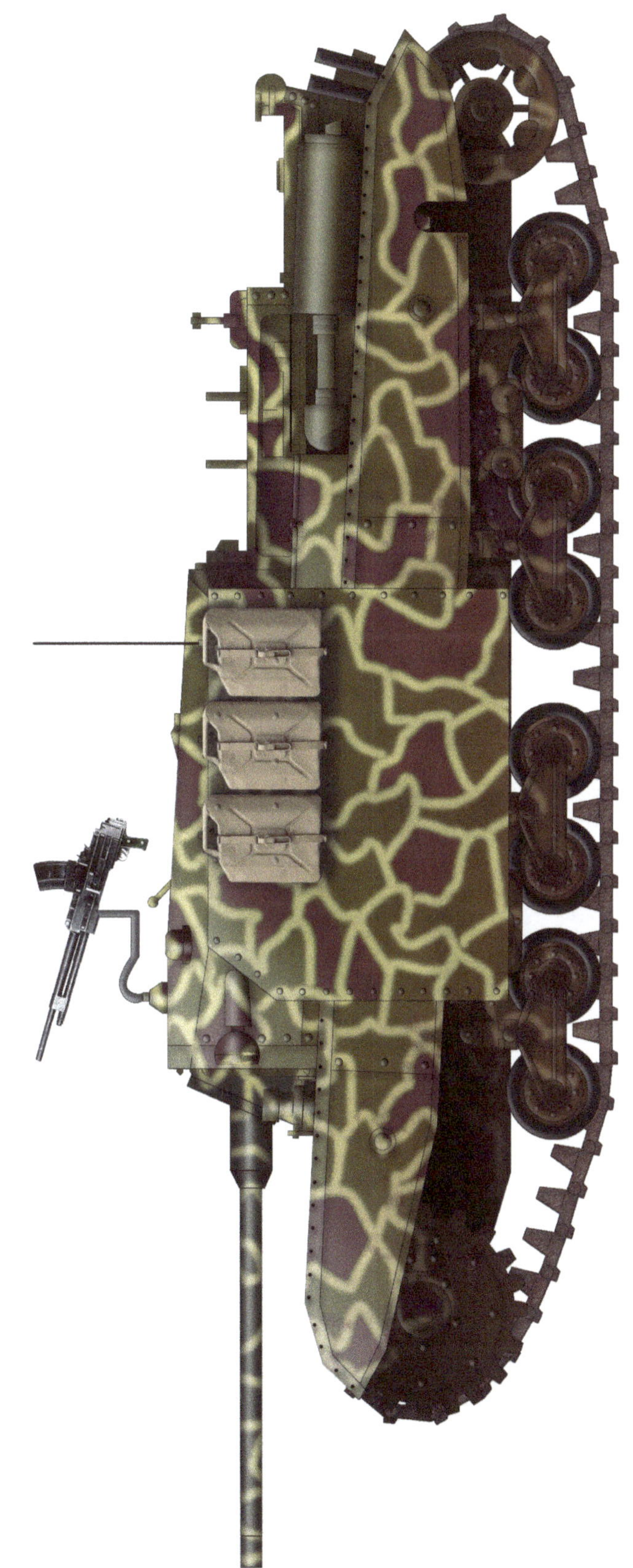

▲ Semovente M42 T da 75-46 versione che mostra il particolare nuovo tipo di supporto per la Breda sul tetto del mezzo e le taniche di benzina di riserva. Italia 1943.

di imbullonati all'esterno della ruota dentata, destinati a migliorare l'efficienza di tale ruota e la sua durata. Un'altra modifica richiesta dai tedeschi fu quella di sostituire il portello del tetto destro con uno apribile in 2 parti per una migliore ventilazione del vano combattimento.

Sui lati del veicolo erano posizionate in totale 6 rastrelliere per taniche da 20 litri di benzina, 3 su ciascuna piastra corazzata distanziata sui lati, proprio come su altri cannoni e carri armati semoventi italiani. Da notare, però, che nell'uso europeo post 1943, e quindi tedesco, sui semoventi M43 da 75/46 le taniche per la benzina non venivano più trasportate perché oramai non venivano più inviate in Nord Africa, e non era necessario trasportare grandi quantità di carburante durante le operazioni in Italia o nei Balcani, dove era è stato rischierato il mezzo. L'interno della casamatta, le apparecchiature radio, motore e trasmissione, sospensioni ecc. erano sostanzialmente le stesse del modello 75/34 M42M.

Considerazione finali sul cannone: i tedeschi e l'Ansaldo, alla fine, tenuto conto di tutti i problemi del periodo decisero di montare il cannone da 75/46 sul semovente M42T, come più volte ribadito per le sue migliori prestazioni anticarro rispetto agli altri cannoni italiani a loro disposizione. Tuttavia, questa scelta comportò, per problemi tecnici, una cadenza di produzione molto bassa, soprattutto se paragonata alla cadenza di tutti gli altri semoventi montanti lo stesso telaio. Fu quindi presa in considerazione la possibilità di montare, in alternativa al 75/46 il pezzo germanico Panzerabwehrkanone 40. Il peso del veicolo non sarebbe aumentato di molto, solo una settantina di kg. Ancora prima dell'armistizio, l'Italia e la Germania presero accordi per produrre localmente il famoso PaK 40 (nomenclatura italiana Cannone da 75/43 Modello 1940). All'8 settembre non si era ancora fatto nulla, tranne organizzare alcune linee di produzione. Tuttavia, per motivi non noti, i tedeschi, una volta padroni del tessuto industriale italiano, non continuarono questo progetto. Tuttavia, dopo l'armistizio la OTO, grazie alle linee produttive citate produsse per i tedeschi alcuni pezzi di ricambio per il PaK 40 fino alla fine della guerra. L'armamento secondario era sempre costituito dalla Mitragliatrice Media Breda Modello 1938 con caricatore superiore senza mirino antiaereo. Quando non veniva

▲ Fanteria inglese impegnata in combattimento durante la campagna d'Italia, aziona i suoi mortai in presenza di un ingombrante carcassa di un semovente 75/46 messo fuori uso. Interessante la vista delle aperture e delle bottole.

▲ Vista del semovente italiano 75/46 M43 dall'alto. A destra, il distintivo in bronzo o alluminio era posto in alto a sinistra sulla piastra anteriore dei mezzi corazzati, dall'aprile del 1936 all'agosto del 1943.

utilizzato, veniva riposto nello sponsor sinistro del cannone semovente. La mitragliatrice era fissata su un nuovo supporto antiaereo fissato a un piede di porco che offriva una maggiore traslazione orizzontale della mitragliatrice in caso di attacco aereo. Dopo l'occupazione italiana da parte della Wermacht tutte le Breda in oro possesso furono adattate per le cartucce mauser da 7,92. Come indicato anche nella scheda, il 75/46 come il precedente semovente era governato da un equipaggio di tre persone. Secondo alcune fonti non confermate pare che i tedeschi preferirono aggiungere un quarto membro dell'equipaggio dietro l'artigliere, che avrebbe caricato l'arma. Ovviamente, aggiungere un quarto membro dell'equipaggio significava anche ridurre drasticamente lo spazio all'interno dell'angusto compartimento di combattimento, già piccolo per 3 membri dell'equipaggio.

■ LE MINIGONNE (OSTKETTEN)

Novità assoluta di questo semovente era la dotazione delle cosiddette Ostketten, vale a dire una sorta di minigonna che, fra l'altro, aveva anche una funzione protettiva della parte alta dei cingoli sui due lati del mezzo. Probabilmente queste furono delle aggiunte decise dai tedeschi. Come il semovente M43 da 105/35, anche l'M43 da 75/46 era dotato di una minigonna laterale. Queste avevano uno spessore di soli 4 mm e proteggevano parzialmente le fiancate del veicolo. Il loro ruolo non era tanto quello di proteggere il semovente dai proiettili dei fucili anticarro o dalle munizioni a carica sagomata, ma di impedire che le schegge danneggiassero le sospensioni e i collegamenti dei cingoli. Le minigonne laterali avevano un taglio nella parte posteriore per consentire all'equipaggio di poter raggiungere il regolatore di tensione del cingolo senza dover smontare la minigonna. Vennero anche realizzati altri 3 piccoli fori per aggiungere lubrificante ai rulli di rinvio sempre allo scopo di non dover rimuovere la gonna laterale.

▲ L'esemplare del semovente M43 da 75/46 catturato in una officina a Milano dai partigiani italiani a fine aprile 1945. Nella foto piccola: mirino per semovente M43 da 75/46.

▲ Vista del semovente italiano 75/46 M43 di fronte e di retro.

SEMOVENTE 105/25 M43 "BASSOTTO" , ITALIA 1943

▲ Semovente M43 da 105/25 R.E. Italia, 1943.

SEMOVENTE 105-25

INTRODUZIONE

'Ansaldo 105/25 M.43, noto anche come semovente da 105/25 e comunemente soprannominato Bassotto, è stato un valido semovente italiano utilizzato durante la Seconda guerra mondiale e progettato dalla Fiat-Ansaldo, considerato uno dei più potenti semoventi costruiti dall'Italia nel secondo conflitto mondiale. Basato anch'esso sul progetto del M42 75/18, venne poco utilizzato dalle forze del regio Esercito prima dell'armistizio, cosicché dopo l'armistizio firmato a Cassibile e l'occupazione del centro e del nord Italia da parte dei tedeschi, i semoventi furono catturati e utilizzati dall'Esercito tedesco e dal nuovo Esercito della RSI.

LO SVILUPPO

Quanto già detto per i semoventi 75/34 e 46 vale anche per il 105/25, nato e messo in produzione per superare le carenze oggettive additate al pur buono 75/18. Quindi, anche in questo caso, lo sviluppo di un semovente di grande potenza fu realizzato durante il 1942 con un'asta fra la Odero-Terni-Orlando (OTO) e la FIAT-Ansaldo. Venne scelto quello proposto dalla Ansaldo perché risultava fra le altre cose più fattibile e leggero, il che significava poterlo dotare di un motore a benzina meno potente. Questo costituì un grande vantaggio per l'Esercito Italiano che dovette sostituire i motori diesel con motori a benzina dopo il 1942 a causa delle limitate risorse a disposizione. Il test del prototipo durò diverse settimane. Alla fine, il Regio Esercito rimase molto colpito dalla potenza di fuoco del cannone da 105 mm. Approvato, ne seguì un ordine di 130 veicoli divisi in due lotti, il primo lotto di 30 ed un secondo di 100 cannoni semoventi. Venne anche ufficialmente ribattezzato 'Semovente FIAT-Ansaldo su scafo M43 da 105/25', abbreviato in 'Semovente M43 da 105/25' ma fra i membri dei suoi equipaggi divenne famoso col nomignolo di "Bassotto" per il suo profilo più basso e più largo. Al primo ordine se ne aggiunsero diversi altri fino ad un

▲ Quattordici M43 da 105/25, quattro M15/42 e una dozzina di M42M da 75/34 nello stabilimento Ansaldo-Fossati di Genova, pronti per essere consegnati al Regio Esercito nel luglio 1943.

▲ Alcuni ufficiali del DC Gruppo Semoventi posano davanti ad un nuovissimo semovente da 105/25 M43 da poco consegnato al reparto nel poligono di Nettunia nella tarda estate del 1943 (Pignato).

▼ Un semovente 105/25 caricato su un rimorchio per il trasporto veloce per essere trasportato in zona operativa. Archivio di Stato. Colorazione dell'autore.

SEMOVENTE 105/25 M43 "BASSOTTO" SERVIZIO REGIO ESERCITO, ITALIA 1943

▲ Semovente M43 da 105/25 appartenente ad una unità della RE in Italia, 1943.

totale di circa 800. I fatti del settembre '43 bloccarono sul nascere tale ambizione. Comunque, a maggio dello stesso anno, dodici esemplari vennero costruiti e utilizzati nel 1943 dalla 135ª Divisione corazzata "Ariete II". A seguito della resa italiana, i tedeschi, che consideravano i semoventi 105/25 degli ottimi mezzi, li catturarono e riaprirono le linee costruttive realizzando ulteriori 91 esemplari, ribattezzati StuG M43 mit 105/25 853(i) utilizzandoli contro le forze anglo-americane. A cavallo del 1944-45, un esemplare fu anche adoperato dal Gruppo Corazzato "Leoncello" della RSI nei pressi di Brescia. Il cannone da 105/25 fu anche postato in casamatta nelle opere difensive del Vallo Alpino.

■ CARATTERISTICHE TECNICHE

Il Bassotto, ricalcando l'impostazione generale del predecessore M42, era costituito da uno scafo M43, cioè lo scafo di un carro armato M15/42 allargato e abbassato, con frontale ridisegnato e lamiere laterali saldate invece che imbullonate. Sullo scafo era posta una casamatta fissa imbullonata e saldata con un obice Ansaldo 105/25, con brandeggio manuale di 34° ed alzo da -12° a + 22°. L'armamento era completato da una mitragliatrice Breda Mod. 38 da 8 mm per la difesa ravvicinata ed antiaerea operata dal capocarro/cannoniere, mentre il servente/operatore radio ha a disposizione per le comunicazioni a livello di batteria di una radio Magneti Marelli RF1 CA. Lo scafo dell'M42 era 14 cm più lungo dei precedenti semoventi. Il nuovo scafo dell'M43 (detto anche M42 'Lungo') era ancora più lungo, con 4 cm in più dell'M42, raggiungendo una lunghezza di 5,10 m, 17 cm più largo e 10 cm più basso. Tutte queste modifiche sommate portarono il peso totale del veicolo a 15,8 tonnellate di pronto combattimento rispetto alle 15 tonnellate dell'M42. Ciò rendeva la sagoma del veicolo più sfuggente e basso e consentiva anche di posizionare il cannone al centro della sovrastruttura, invece di essere spostato a destra, come sul telaio precedente del 75/18. La corazza era sia imbullonata ad un telaio interno che saldata (una necessaria miglioria per i veicoli italiani) ed aveva finalmente uno spessore notevole rispetto agli standard italiani. L'armatura dello scafo era di 50 mm nella parte superiore e 25 mm nella parte inferiore. La sovrastruttura aveva una corazza spessa 70 mm frontalmente, 45 mm sui lati, mentre posteriormente era protetta da una piastra spessa 35 mm. Una piastra dello stesso spessore proteggeva la parte posteriore del vano motore. Il tetto e il pavimento del veicolo avevano uno spessore di 15 mm. Novità per il veicolo erano le cosiddette

▲ Interessante vista comparativa di un M42 da 75/18 (a sinistra) e del prototipo dell'M43 da 105/25 (a destra) presso lo stabilimento Ansaldo-Fossati di Genova. É evidente lo scafo più largo e più basso del "Bassotto".

SEMOVENTE 105/25 M43 "BASSOTTO" SERVIZIO RSI, ITALIA, ESTATE 1944

▲ Semovente M43 da 105/25 montato su chassis M15/42 appartenente al reparto corazzato Leoncello della RSI, Italia 1944.

▲ Uno StuG M43 105/25 catturato dai tedeschi. Foto scattata alcuni giorni dopo l'Armistizio. Colorazione dell'autore.

▼ Foto ricordo di alcuni militari tedeschi sistematisi sul tetto di un semovente 105/25. Colorazione dell'autore.

Ostketten, ovverosia delle minigonne laterali divise in tre parti. Queste avevano uno spessore di 4/5 mm. Proteggevano parzialmente le fiancate del veicolo. Le minigonne laterali avevano un foro nella parte posteriore per consentire all'equipaggio di poter raggiungere il regolatore della tensione del cingolo. Il buon rinforzo della corazzatura era in parte reso vano dal fatto che l'industria italiana non era in grado di fornire acciaio balistico di buona qualità. Do conseguenza anche se spessa l'armatura italiana era fragile rispetto alle armature di pari spessore delle altre nazioni coinvolte nella guerra. Quando un proiettile nemico colpiva le corazze italiane, spesso queste si rompevano o si scheggiavano anche senza essere perforate, causando danni al veicolo e spesso ai membri dell'equipaggio, costringendo molto spesso i reparti ad inviare il veicolo presso le officine specializzate per la sostituzione delle piastre della corazza danneggiate. La carrozzeria esterna presentava alcune novità. La più evidente era la casamatta più lunga e larga di quella del 75/18.

Sul tetto, sul lato sinistro, era sistemata l'antenna radio che ora si poteva ripiegare in maniera più pratica, un periscopio completamente girevole e un'apertura per il cannone. Il comandante era dotato di un sistema di mira ottico prodotto dall'Ansaldo e del peso di circa 13 kg. Sulla parte posteriore e laterale del mezzo erano presente il supporto per il cric, vani portaoggetti e altri attrezzi. Ai lati della casamatta erano presenti due fari per le operazioni notturne. Il vano motore era dotato di griglie per il raffreddamento dello stesso. Dietro di loro c'erano il tappo del serbatoio del carburante e due griglie per il raffreddamento del radiatore. Nella parte posteriore erano presenti una ruota di scorta, un foro per la manovella del motore, il gancio di traino e un complesso sistema di lanciagranate fumogene composto da un lanciagranate e una rastrelliera porta granate fumogene per ricaricare il lanciagranate. Purtroppo, questo funzionava solo sul retro del veicolo e noia anche ai lati o sul davanti del mezzo. Ai lati della zona posteriore sui fianchi si trovavano le marmitte coperte da uno scudo in acciaio per proteggerle dagli urti. Ai lati del veicolo erano posizionate sei rastrelliere, tre per fiancata, per taniche di benzina da 20 litri, proprio come per gli altri semoventi e corazzati italiani. Questa dotazione era particolarmente studiata per il teatro africano dove le taniche avrebbero aumentato l'autonomia del veicolo. Da notare però che nella maggior parte dei casi, sui Semoventi M43 da 105/25, le taniche non venivano trasportate perché, in Italia, non era poi così difficile reperire carburante. Per le sospensioni rimandiamo a quanto già detto per il capitolo precedente a proposito del semovente 75/46.

◼ L'ARMAMENTO

La principale variazione di tutti i semoventi italiani risiede nel cannone. In questo caso, l'armamento principale era un Cannone da 105/25 (a volte chiamato anche Mod. SF 'Sferico') prodotto dall'Ansaldo. Venne sviluppato sulla base dell'Obice da 105/23 Mod. 1942, a sua volta ideato da un obice della OTO-Melara come prototipo per l'artiglieria divisionale insieme all'Obice da 105/40 Mod. 1938. Purtroppo per le forze armate italiane, il nuovo cannone fu testato e quindi prodotto troppo tardi, non andando quindi a incidere minimamente sullo stato del conflitto. Almeno due prototipi dell'Obice da 105/23 Mod. 1942 vennero prodotti. Uno, o forse più, erano su affusto da campo ed uno su supporto sferico destinato al prototipo del semovente M43 da 105/25. La versione da campo del cannone previsto per il bassotto aveva una portata massima di 13 km e una portata utile di 2.000-2.500 m con munizioni anticarro. Aveva una cadenza di fuoco pratica di 8 colpi al minuto. Ovviamente, all'interno dello stretto compartimento di combattimento del cannone semovente, questa cadenza diminuiva drasticamente. Il peso dell'arma non è riportato nelle fonti, si può stimare in qualcosa meno di una tonnellata insieme al suo supporto sferico. Per fare un riferimento, il Cannone da 105/28 Mod. 1912, anch'esso prodotto dall'Ansaldo e di tipo e munizionamento similare, aveva una lunghezza della canna di 2.987 m (contro i 2,6 m del 105/25) e pesava 850 kg. Grazie all'ampliamento del veicolo, l'attacco sferico del cannone fu posto centralmente sulla piastra anteriore. Il cannone aveva una traslazione orizzontale di 18° a destra e di 18° a sinistra, nonché un'elevazione di +18° e una depressione di -10°. Come sempre l'armamento secondario era costituito da un Breda Mod. 38, nella versione studiata per veicoli della Breda Mod. 37 mitragliatrice media utilizzata dalla fanteria italiana. La mitragliatrice pesava 15,4 kg ed era predisposta per la cartuccia Breda 8×59

RB. La Breda Mod. 38 aveva una cadenza di fuoco teorica di 600 colpi al minuto, che in pratica scendeva a circa 350 colpi al minuto. Uno dei vantaggi di questa mitragliatrice, oltre alla sua affidabilità, erano le sue dimensioni ridotte. La mitragliatrice, infatti, era lunga solo 89 cm e occupava poco spazio una volta riposta all'interno del veicolo. Oltre la Breda, l'equipaggio disponeva anche del Carcano Mod. 91 ufficiale, o fucili mitragliatori MAB 38 e 35 bombe a mano per la difesa ravvicinata contro la fanteria nemica. Motore, equipaggio, impianto radio e divisione dello spazio interno del semovente sono simili a quelli già descritti negli altri semoventi di questo volume.

▲ Uno StuG M43 105/25 catturato dagli americani (sinistra). A destra un semovente M43 da 105/25 catturato dai tedeschi a Roma dopo l'Armistizio. Da notare la targa originale del Regio Esercito, RE 6453. Roma, marzo 1944.

▲ Una foto del semovente da 105/25 M43 del Gruppo "Leoncello". Il mezzo porta il nome di battaglia "TERREMO-TO" sulla parte anteriore della casamatta e sembra presentare anche una targa , ma è impossibile capire se quest'ultima abbia una numerazione o se sia stato dipinto solo il rettangolo bianco, privo di numeri. A bordo del mezzo il capitano Zuccaro, che sembra indossare un basco nero. Diverse copie di questa fotografia furono distribuite ai Carristi del Gruppo ed al retro recavano una dedica del comandante simile a questa: "Per Domenico Noè nella certezza della sua fedeltà fino in fondo! Capitano Zuccaro P.d.C. 867 13.3 XXIII" (archivio Arena).

SEMOVENTE 105/25 M43 "BASSOTTO" SERVIZIO TEDESCO, ITALIA, ESTATE 1944

▲ Semovente M42L/43 da 105-25 su scafo M42L (StuG M 43 105-25 853 (i) della 2ª batteria 914ª Brigata Sturmgeschutz, Italia, estate 1944.

▲ Un 105/25 reso inservibile e poi abbandonato dal suo equipaggio tedesco viene ispezionato da un soldato britannico. Ben visibile dal portellone aperto il motore FIAT-SPA T15B.

SCHEDA TECNICA

	Semovente 105/25 M43
Lunghezza	5100 mm
Larghezza	2400 mm
Altezza	1750 mm
Data inizio e fine servizio	1943-1945
Peso totale	15.800 kg
Equipaggio	3
Motore	Fiat SPA 15TB M42 benzina 8 cilindri a V, 11980 cm³
Velocità massima	35 km/h su strada 15 km/h fuori strada
Autonomia	180 km su strada 5 h fuori strada
Produzione totale	121 veicoli
Spessore corazza	Da 15mm, a 45mm laterale a 70 mm frontale
Armamento	Obice Ansaldo da 105/25 con 48 granate. Secondario: 1 mitragliatrice Breda Mod. 38 da 8 mm con 864 colpi

SEMOVENTE 90/53

■ INTRODUZIONE

Il semovente 90/53 fu un blindato d'artiglieria usato anche come cacciacarri, prodotto in Italia durante la Seconda guerra mondiale su idea del colonnello Sergio Berlese, stimato progettista italiano, membro del Servizio Tecnico di Artiglieria. L'armamento consisteva in un cannone da 90/53 Mod. 1939 da 90 mm lungo 53 calibri (L/53). Furono prodotti tra i 30 ed i 48 esemplari nel corso del 1942.

■ SVILUPPO

Nel corso dell'Operazione Barbarossa comparvero i potenti e innovativi carri armati sovietici T-34 e KV-1, dotati di corazze e armamenti superiori agli standard dell'epoca. Tali mezzi si rivelarono un avversario ostico anche per i carri tedeschi meglio equipaggiati, figurarsi per le forze armate italiane.

Il Corpo di Spedizione Italiano in Russia (CSIR), giunto sul fronte orientale nel luglio 1941, constatò sulla propria pelle questa situazione di enorme svantaggio. In un primo tempo si pensò quindi di utilizzare una bocca da fuoco studiata inizialmente per il tiro contraerei in una sorta di nuova funzione anticarro. Emulando in qualche modo il successo ottenuto dai tedeschi col loro Flak da 88 mm. Lo Stato maggiore italiano optò quindi per cannone antiaereo 90/53 da 90 mm prodotto dall'Ansaldo. Esso aveva prestazioni simili, ed in alcuni campi superiori, persino a quelle della serie del FlaK da 88 mm. Il progetto si basò dall'inizio sullo scafo del carro M13/40 poi si perse tempo in attesa di decidere quale bocca da fuoco adottare. Finalmente nel dicembre 1941 furono pronti i progetti del nuovo cannone Ansaldo da 90/53 Mod 39. Il progetto completo fu messo a punto nel gennaio 1942 e vennero allestito i primi prototipi ed effettuati i primi test. Il 5 marzo dello stesso anno un modello funzionante fu portato alle prove di tiro presso il banco apposito dello stabilimento Ansaldo-Fossati a Sestri Ponente. Cinque mesi dopo queste prove, furono assemblati già i primi 6 esemplari effettivi.

▲ Membri dell'equipaggio italiano (il primo a sinistra è Dino Landini) in posa per foto ricordo probabilmente dopo l'addestramento all'uso del 90/53, a Nettuno, vicino Roma.

Il cannone fu montato sullo scafo dell'M14/41, che venne allungato di 17 cm per adattare meglio il sistema d'arma e con la sospensione posteriore spostata indietro; cosa, questa, molto importante poiché permetteva di sistemare la posizione del cannone in zona sensibilmente arretrata. Questa accortezza permise, fra le altre cose, di facilitare notevolmente le operazioni di tiro. Si venne pertanto a ottenere una soluzione ideale, col solo grosso difetto di non poter ricavare una casamatta o uno spazio adeguato all'equipaggio del mezzo. Quindi i serventi dovevano viaggiare su un veicolo separato. L'equipaggio effettivamente a bordo del semovente era quindi formato unicamente dal pilota e dal capocarro. L'affusto del cannone subì diverse modifiche per essere adattato allo scafo dell'M14: fu riprogettata la culla allo scopo di spostare gli orecchioni in posizione baricentrica, furono soppressi gli equilibratori, il sottoaffusto e gli organi di manovra relativi, la scudatura. Il brandeggio arrivò a coprire un arco di 40° a destra e di 40° a sinistra, mentre l'alzo andava da -5° a +24°. Il pezzo si rivelò un'efficace arma anticarro, capace di perforare anche i pesanti Mk VIII Churchill con corazzatura anteriore spessa più di 100 mm, purché gli obiettivi si trovassero a una distanza inferiore a 500 metri. Il principale difetto del mezzo era la carenza di spazio in generale, e non solo per l'equipaggio, ma anche per le munizioni: ogni semovente poté quindi trasportare con sé solo otto granate, le differenze invece, ottantasei erano trasportate su di un carro armato leggero L6/40 opportunamente modificato come portamunizioni che poteva anche fungere al trasporto degli altri due membri dell'equipaggio. In quanto semovente d'artiglieria operante a una buona distanza dalla prima linea, il veicolo mantenne una corazzatura modesta: per lo scafo era spessa 30 mm sul frontale, 25 mm su fianchi e retro, 15 mm per il tetto e 6 mm sul fondo; la piccola sovrastruttura facente anche funzione di mantelletto era spessa 41 mm e inclinata a 28° (inclinazione rispetto a una corazza verticale). Lo scudo del cannone infine era spesso 30mm. Dietro lo scudo trovano posto i due artiglieri con le loro postazioni su sedile allineate. Il difetto principale del 90/53 era dovuto al fatto che era stato pensato per l'esclusivo tiro contraereo (a differenza dell'88mm tedesco), e quindi mancava di specifico munizionamento dedicato al tiro anticarro, ed operava quindi con un generico proiettile perforante, che però non rendeva giustizia alla qualità (eccellente) del cannone. Mancava inoltre anche un proiettile EP (effetto pronto) ovvero il corrispondente italiano della carica cava. Quindi, pur molto potente per la media ita-

▲ Primo piano di un semovente M41M da 90/53 targato Regio Esercito 5824.

SEMOVENTE 90/53 M41 ITALIA, SETTEMBRE 1943

▲ Semovente M41M da 90/53 appartenente al CXXXV Battaglione controcarri 135a D.C.Ariete II Cesano di Roma, Italia, settembre 1943.

▲ Vista di fianco anteriore del M41M 90/53 in forza al Regio Esercitoin colorazione mimetica.

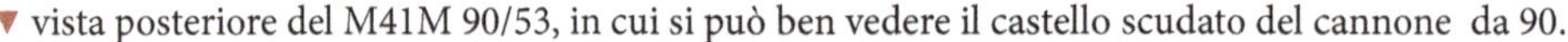

▼ vista posteriore del M41M 90/53, in cui si può ben vedere il castello scudato del cannone da 90.

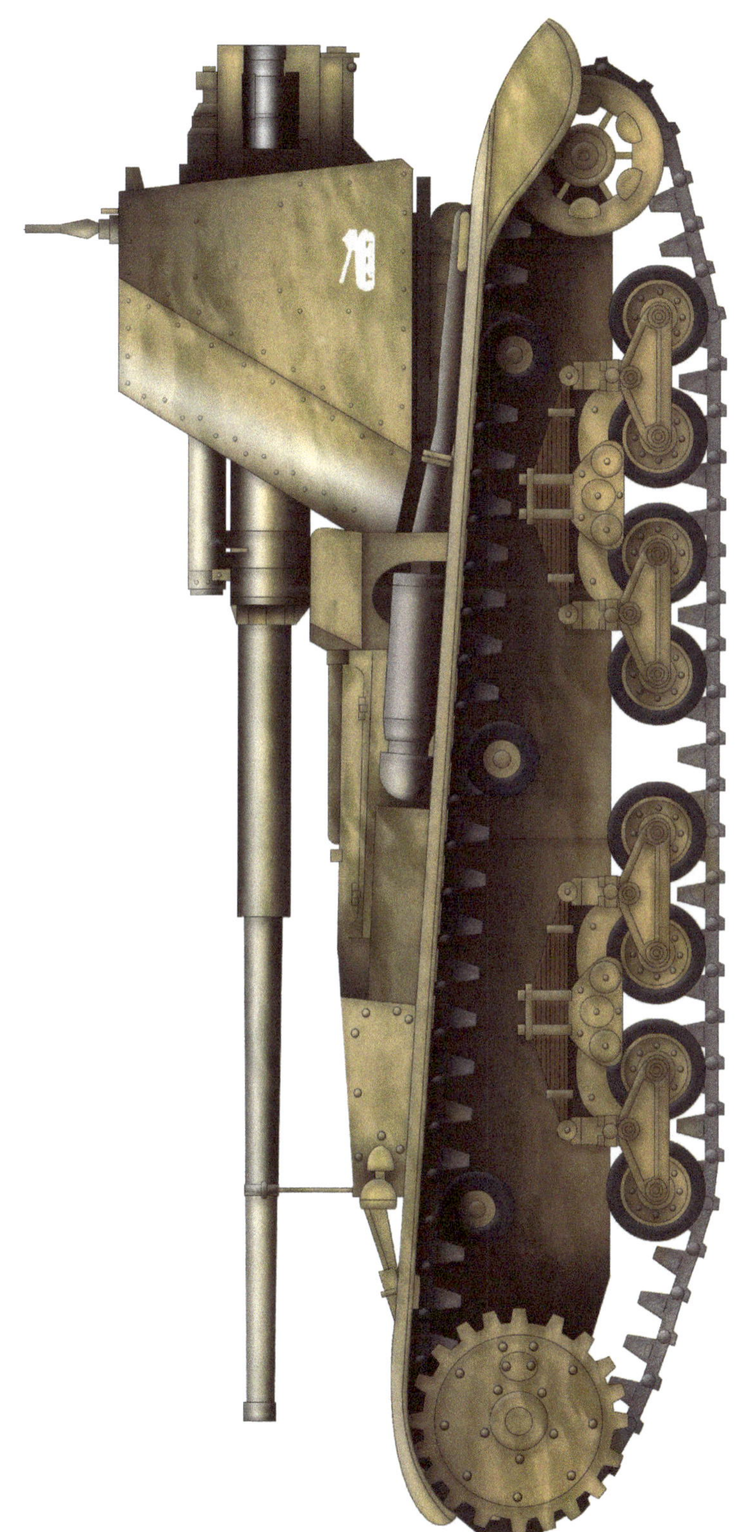

▲ Semovente M41M da 90/53 del CLXIII Gruppo Controcarri Semoventi in Sicilia versione mimetica giallo sabbia, Sicilia, Italia, luglio 1943.

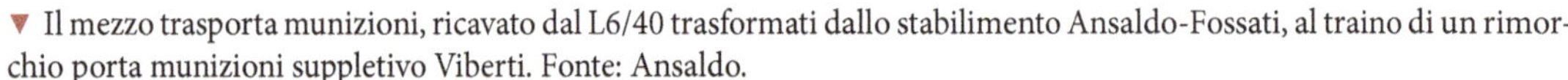

▲ Semovente da 90/53 del CLXIII Gruppo da 90/53 abbandonato dagli italiani nei pressi di Canicattì. Fonte: Sicilia 1943. Colorazione dell'autore.

▼ Il mezzo trasporta munizioni, ricavato dal L6/40 trasformati dallo stabilimento Ansaldo-Fossati, al traino di un rimorchio porta munizioni suppletivo Viberti. Fonte: Ansaldo.

▲ Semovente M41M da 90/53 Beute Gepanzerte-Selbstfahrlafette della 26ª Panzer Division, Italia 1943-45.

SEMOVENTE IPOTETICO M41 DA 149/40, ITALIA 1943

▲ Semovente da studio ipotetico per la realizzazione del semovente da 149/40 su scafo M41 mai realizzato. Italia 1943.

liana, il 90/53 per molte ragioni fu una grossa occasione persa. Mancando l'obiettivo di divenire un'arma eccezionale per le mancanze anzidette. Altro difetto grave del semovente 90/53 era dovuto al fatto che prima di aprire il fuoco si rendevano necessarie operazioni lunghe e laboriose; quindi, il suo uso poteva essere previsto solo in ambiente statico e non in condizioni di guerra mobile. Per questo motivo, constatate queste limitazioni, fu deciso di non inviarlo né in Africa né in Russia dove non avrebbe potuto operare al meglio. La corazzatura leggera, e la struttura open del cannone non riparavano poi gli artiglieri dai tiri delle fanterie nemiche e ancor peggio dall'attacco di mezzi aerei con mitragliamento a bassa quota. Infine, la necessità di dividere munizionamento su un mezzo, tipicamente il carro L6/40 versione trasporto e il cannone esponeva tutto il sistema arma-equipaggio a grossi rischi di affidabilità, ben recepiti dai comandi italiani delle unità corazzate una volta che i loro superiori avevano già iniziato a produrre questo semovente. In pratica per tutti questi motivi ne fu sconsigliato l'impiego come mezzo contro carro (che era quello che si stava cercando di ottenere) e furono quindi, di conseguenza avanzate anche perplessità come cannone d'appoggio semovente (il 90 mm era "solo" un pezzo da tiro diretto, non da tiro indiretto come il 75/18, o diretto-indiretto come il 75/34 e il 105/28, usati dagli altri semoventi italiani). Per tale motivo, malgrado la grande necessità di carri armati moderni su tutti i fronti, l'impiego di questo semovente fu posticipato e pressoché dimenticato, venendo impiegato solo e con scarso successo in Sicilia durante lo sbarco degli alleati.

CONCLUSIONI

Molte fonti e diversi appassionati di mezzi corazzati considerano il semovente M41M da 90/53 un cannone semovente mal progettato che, a parte il potente cannone principale, non aveva nulla di eccezionale. Oltre ai difetti che abbiamo già evidenziato va anche detto che tutto gli equipaggi provenivano da reggimenti di artiglieria e avevano un addestramento di base sull'equipaggiamento statico dell'artiglieria o al massimo sulla riparazione di camion. Ricevettero solo un addestramento limitato e troppo veloce su riparazione di mezzi corazzati presso la scuola di addestramento di Nettuno prima di essere trasferiti in Sicilia. Dei due teatri per i quali il mezzo fu studiato, quello russo non sarebbe stato ideale, mentre forse il fronte africano avrebbe offerto maggiori opportunità a questo tipo di arma. Di fondo rimane che realizzato come caccia carri, nei fatti non lo fece mai, per quanto detto e anche per il numero davvero scarso di mezzi realizzati.

▲ Semovente M41M da 90/53 all'Ansaldo-Fossati. Il tondo bianco sul tetto della sovrastruttura è stato dipinto per il riconoscimento aereo. Fonte: Ansaldo.

SEMOVENTE 149/40 M42 PROTOTIPO, ITALIA 1943

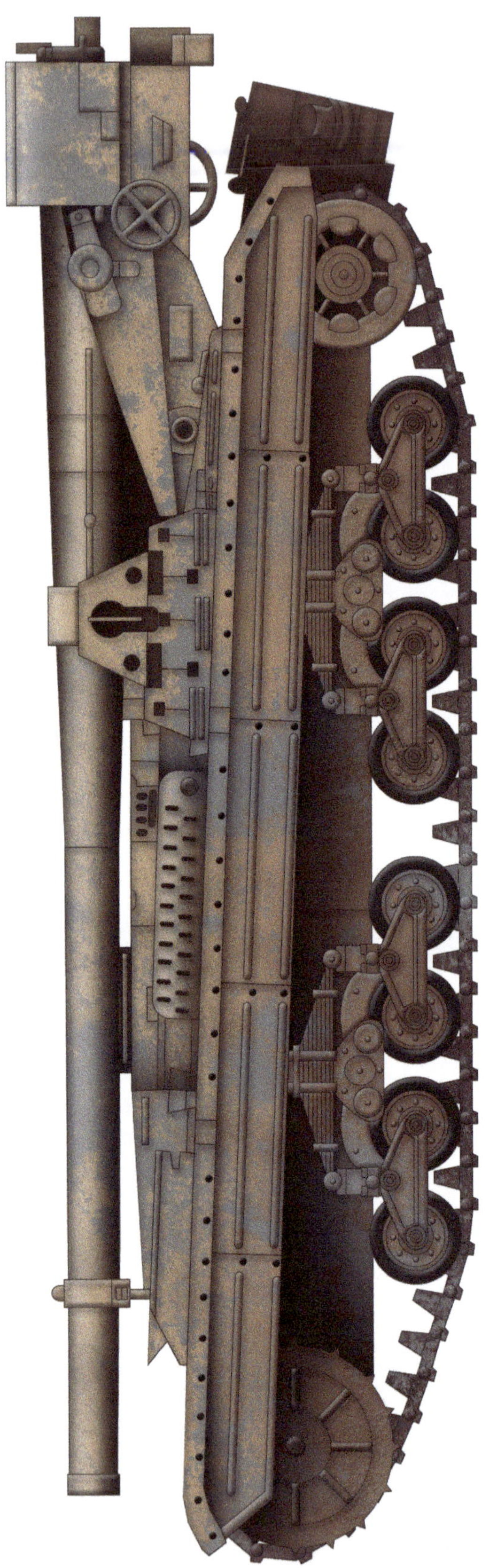

▲ Semovente 149/40 M42 prototipo originale versione mimetica, Regio esercito, Italia 1943.

SEMOVENTE 149/40

■ INTRODUZIONE

Il semovente da 149/40 fu un prototipo italiano di semovente propulso da un motore SPA da 183,44 kW (246 hp) e armato con un pezzo di artiglieria da 149 mm. Si trattava di una installazione di un'arma, la più grande mai pensata per un semovente italiano!

■ SVILUPPO

L'Ansaldo, che produceva il cannone campale Mod. 1935 da 149/40 mm a traino meccanico, ritenne che una versione semovente su scafo cingolato potesse essere una buona idea e che sarebbe risultata meno costosa e di impiego più pratico. Nel 1942 la direzione dello Stabilimento Artiglierie decise di procedere alla costruzione di un prototipo da sottoporre al Regio Esercito. Lo scafo fu costruito ex novo, sul quale il pezzo da 149 mm sarebbe stato montato nella parte posteriore, unito al gruppo di sterzo tipo preso dall'M15/42, a sospensioni ricavate dal modello P26/40 opportunamente irrobustite per sopportare il peso del cannone. Ed infine a un motore potente, lo SPA 228 a benzina da 246 hp.

La progettazione fu avviata nell'aprile 1942 ed il prototipo fu pronto nell'agosto 1943, nello stesso mese effettuò alcune prove di tiro a Genova. Si era pianificato di produrne 20 unità entro il dicembre 1943, ma il particolare momento politico ne fece abbandonare la produzione. Quindi rimase solo il prototipo. Pochi giorni dopo le prove di tiro il prototipo fu requisito dai tedeschi, che lo ri-designarono gepanzerte Selbstfahrlette M 43 mit 15 cm L/42 854(i). Il cannone semovente da 149/40 fu trasferito per ferrovia a Hillersleben in Germania, dove venne poi trovato dalle truppe statunitensi e trasferito negli Stati Uniti d'America all'Aberdeen Proving Ground nella contea di Harford nello stato del Maryland.

■ L'ARMAMENTO

L'armamento coincide con il solo obice Ansaldo 149/40 Mod. 1935. Esso aveva una gittata massima di quasi 22 km, con una velocità iniziale di 800 m/s e una cadenza di tiro di circa un colpo al minuto come cadenza normale (pari a 60 colpi orari).

Il tiro di batteria era reso possibile solo con vomeri a terra, i quali però diedero un'ottima impressione sia per la stabilità che per la possibilità di operare su tutti i tipi di terreno. Inoltre, rispetto al pezzo autotrainato da 149/40, presentava il vantaggio di poter essere messo velocemente in posizione, richiedeva una minore manodopera, era protetto negli organi di propulsione e pesava meno (24 tonnellate contro le 32 di cannone e due trattori per il trasporto).

■ EQUIPAGGIO

Come la maggior parte delle informazioni riguardanti questo oscuro veicolo, il numero di uomini necessari per utilizzarlo efficacemente è sconosciuto. Spesso le fonti menzionano che il veicolo aveva solo due membri dell'equipaggio, come nel caso del parente 90/53, ma probabilmente questo si riferisce, come nel caso di quello scudato da 90, solo a quelli che erano di stanza all'interno del veicolo. Ciò includerebbe l'autista e probabilmente il comandante, ma potrebbe anche essere qualsiasi membro dell'equipaggio. Il resto dell'equipaggio si presume anche in questo caso sarebbe stato trasportato in un veicolo ausiliario. Idealmente, per tenere il passo con il semovente M43 da 149/40, in questo ruolo verrebbe utilizzato un veicolo completamente cingolato.

■ CONCLUSIONE

Il semovente M43 da 149/40 fu certamente un veicolo italiano piuttosto interessante e di concetto moderno per i tempi. Fu progettato e costruito con l'intenzione di fornire mobilità alle armi più pesanti. Purtroppo, la nota e gravosa situazione industriale italiana, la mancanza di risorse e la concomitante necessità di mezzi corazzati di ogni tipo, fecero andare in soffitta questo progetto.

▲ L'unico esemplare del semovente 149/40 è oggi ospitato in un museo all'aperto negli Stati Uniti, presso l'US Army Ordnance Museo ad Aberdeen.

▲ Bella vista della culatta del semovente conservato negli USA. Soggetto ad una buona manutenzione, ha ricevuto nel corso degli anni diverse tinteggiatture non originali.

▼ L'elevazione del cannone semovente M43 da 149/40 era la stessa della versione trainata, ma la traslazione era leggermente inferiore, pari a 53°. Fonte: Archivio Ansaldo. Colorazione dell'autore.

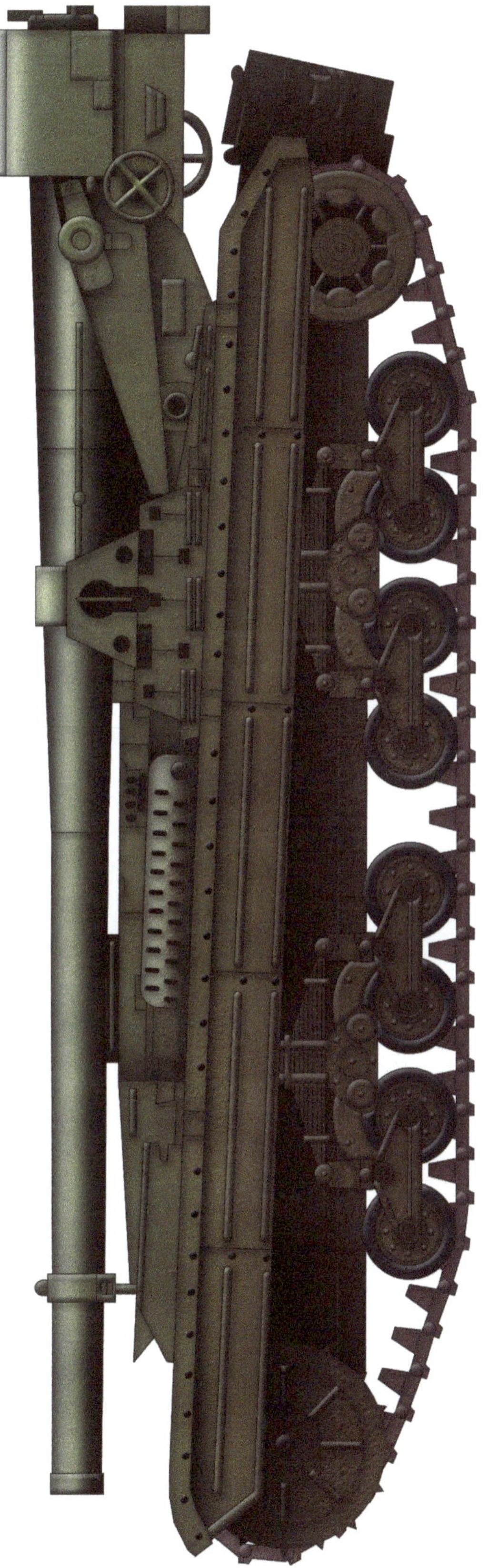

▲ Semovente 149/40 M42 prototipo originale Regio Esercito, Italia 1943.

SCHEDA TECNICA

	M41 90/53	M43 149/40
Lunghezza	5210 mm	6500 mm
Larghezza	2200 mm	3000 mm
Altezza	2150 mm	2000 mm
Data inizio e fine servizio	1942-1945	1943
Peso totale	17.000 kg	24.000 kg
Equipaggio	4	3
Motore	Fiat SPA 15TM 41 a benzina 8 cilindri a V. (90/53) Motore a benzina SPA 250 VV (149/490)	
Velocità massima	25 km/h su strada	35 km/h su strada
Autonomia	200 km su strada	180 km su strada
Produzione totale	da 30 a 50 esemplari	Un prototipo
Spessore corazza	Da 15 a 30 mm	Da 15 a 25 mm
Armamento	cannone da 90/53 Mod. 1939	Cannone Ansaldo 149/40 Mod. 1935

▲ Interessante foto del prototipo semovente M43 da 149/40, catturato dagli Alleati in Germania, e poi portato in questo deposito militare vicino a Parigi nel 1944, prima di finire negli USA. Colorazione dell'autore.

SEMOVENTE 149/40 M42 SERVIZIO TEDESCO, 1943-1945

▲ Semovente 149/40 M42 al servizio tedesco versione mimetica, 1943-1945.

▲ Un artigliere mostra un proiettile da 90/53. Alle sue spalle i mezzi della Batteria, il semovente e il carro porta munizioni da L6/40. Colorazione autore.

▼ Un semovente 105/25 (StuG M43) ben mimetizzato e abbandonato dai suoi serventi in un area vicino a Nettuno viene ispezionato da soldati alleati. Colorazione autore.

IMPIEGO OPERATIVO

■ CAMPAGNE OPERATIVE (*di tutti i semoventi*)

Le forze del Regio Esercito, in virtù del periodo drammatico attraversato dalle forze armate italiane nel corso del 1943, ricevettero un numero davvero esiguo di semoventi 75/34 dei 280 previsti. Dei reparti che erano destinati a riceverne, si ha notizia di almeno un semovente per il Reggimento di Cavalleria 'Cavalleggeri di Alessandria'. Alla Divisione di cavalleria Corazzata Ariete costituita il 1° aprile del 1943, e al suo CXXXV Battaglione Semoventi Controcarri, che ricevette un numero di semoventi inferiore a 20. Con queste poche forze la Divisione, ora ribattezzata 135° D.C Ariete II, ricevette l'ordine a settembre di concorrere alla difesa di Roma da parte del maresciallo Badoglio, con il suo battaglione corazzato dislocato nella zona dei castelli romani a Cesano. Tuttavia, il reparto, posto a Nord di Roma, finì con il consegnarsi agli ex alleati il giorno 10 settembre.

Il 75/46 ebbe invece una vita operativa a oggi poco nota, giacché operò principalmente con forze germaniche. Si sa che fece parte di progetti per reparti costituiti da squadre di Panzerjäger tedeschi e di cacciacarri italiani equipaggiati dalla Germania. Poi venne certamente utilizzato da alcune formazioni germaniche delle quali si è solo ipotizzato la possibile dotazione come la 26° panzer division, o la 148° divisione di fanteria nell'ambito dei suoi reparti corazzati.

Il 105/25 "Bassotto" venne pure prodotto in basse numerazioni prima del settembre 43. Di queste 12 furono utilizzati nel 1943 dalla 135ª Divisione corazzata "Ariete II", che si scontrò con le truppe tedesche nei pressi di Roma nei giorni successivi all'armistizio attuato dal governo italiano, l'8 e il 9 settembre 1943, dando un'ottima prova di sé. Questi i fatti principali, subito dopo l'Armistizio, il comando tedesco, che aveva da tempo previsto la defezione italiana, lanciò Fall Achse (Operazione Asse), destinata a smantellare tutto il Regio Esercito italiano. Il 9 settembre 1943, la mattina dopo l'annuncio radiofonico dell'Armistizio, la 135a Divisione Corazzata ingaggiò truppe tedesche nella città di Cesano e sulla Via Ostiense che portava a Roma. Risulta ancora oggi assai arduo stabilire in quale parte di Roma questi reparti abbiano preso parte ai combattimenti, poiché la Divisione Corazzata combatté in molti quartieri di Roma, come quelli in appoggio alla 21ª Divisione Fanteria "Granatieri di Sardegna" a Porta San Paolo, o quella coi membri della Polizia dell'Africa Italiana e del 18° Reggimento Bersaglieri nei pressi del Colosseo.

Durante tutti i combattimenti furono distrutti quattro Semoventi M43 da 105/25 del DCI° Gruppo Corazzato. Non è chiaro se furono tutti distrutti dalle armi tedesche o se alcuni furono sabotati dagli equipaggi prima di fuggire e in alcuni casi unirsi alla resistenza partigiana italiana. A titolo di cronaca l'operazione tedesca denominata Fall Achse durò fino al 19 settembre 1943 e provocò la morte di oltre 20.000 soldati italiani, la cattura di oltre un milione di soldati italiani, quasi 3500 cannoni anticarro o contraerei, obici o cannoni da campo, 16.600 camion o automobili e circa un migliaio di veicoli blindati o corazzati. Una vera debacle che dà l'idea della grande confusione e disorganizzazione dell'esercito italiano e soprattutto dei suoi vertici in quei giorni. Tra i numerosi mezzi corazzati catturati c'erano anche i 26 sopravvissuti Semoventi M43 da 105/25, che furono successivamente ribattezzati Beutepanzer Sturmgeschütz M43 mit 105/25 853(i). Per tutta la durata della guerra i tedeschi fecero produrre altri 91 StuG M43 mit 105/25 853(i) dopo l'armistizio. Ciò significa che la Wehrmacht utilizzò un totale di 116 M43 con 105/25. Gli stessi tedeschi, che consideravano i semoventi 105/25 degli ottimi mezzi, li impiegarono efficacemente contro le forze anglo-americane. Il cannone semovente da 90/53 fu previsto per servire sul fronte orientale. E i gruppi previsti, utilizzanti i trenta esemplari disponibili furono organizzati nella primavera del 1942. La partenza per la Russia era prevista per l'ottobre dello stesso anno.

Tuttavia, all'ultimo momento, la destinazione cambiò e i mezzi dovettero raggiungere la Sicilia per la difesa dell'isola. Qui i mezzi giunsero nel dicembre dello stesso anno. Ebbero il battesimo di fuoco durante lo sbarco alleato nel luglio del 1943. Sul fronte di Licata persero tre semoventi nei combattimenti.

Il 17 luglio rimanevano utili ancora pochi semoventi, Alla fine nessuno dei corazzati riuscì ad essere trasportato sul continente e quindi tutto il materiale andò perduto in combattimento o catturato. Questa fu anche l'ultima volta che tali mezzi scesero in battaglia con forze italiane. Dopo l'armistizio alcuni pezzi rimasti a Nettuno furono invece utilizzati dai tedeschi. Questi, battezzarono i veicoli Beute Gepanzerte-Selbstfahrlafette 9,0 cm KwK L/53 801(i) e assegnato alla Stabskompanie del Panzer-Regiment della 26ª Divisione Panzer. Un solo mezzo è stato schierato dal reparto nel chietino.

◼ AL SERVIZIO DELLA REPUBBLICA SOCIALE ITALIANA

Dopo l'armistizio, Benito Mussolini fu liberato dai tedeschi dalla sua prigionia sul Gran Sasso. Su pressione tedesca venne quindi immediatamente creato un nuovo stato nei territori italiani non ancora sotto il controllo alleato, la Repubblica Sociale Italiana, alleata dei tedeschi. Questo fu essenzialmente uno stato fantoccio sotto il controllo tedesco. Nell'ambito dell'esercito repubblicano concorsero alcuni dei nuovi mezzi persi dal controllo del regio esercito, pochi in verità visto che i tedeschi se li presero tutti per loro. Un 75/34 fu assegnato al Gruppo Squadroni Corazzati "San Giusto". Rimase tuttavia in riparazione per tutto il tempo restante del conflitto. L'altra unità corazzata, la Leonessa inquadrata nella GNR, si vide assegnata sulla carta ben 24 semoventi da 75/34. In realtà pare che nessun mezzo raggiunse mai l'unità rimando in dotazione a qualche Panzerjäger-Abteilung tedesco operante in Italia. A cavallo del 1944-45, un esemplare di 105/25 Bassotto fu anche adoperato dal Gruppo Corazzato "Leoncello" della RSI nei pressi di Brescia.

◼ SEMOVENTI PARTIGIANI

Nei giorni concitati della fine del conflitto alcuni mezzi passarono nelle mani delle formazioni partigiane. Il primo di tali mezzi, un 75/34, fu trovato dai partigiani ancora in officina a Torino, insieme a due carri M14/42 partecipando ad una battaglia veramente surrealista contro forze nazifasciste all'interno dell'officina. Un 75/46 ebbe sorta analoga, non a Torino ma a Milano: i partigiani presero possesso di un mezzo trovato abbandonato presso le officine della Fonderia Milanese di Acciaio Vanzetti SA.

▲ Il 75/34 catturato e poi portato in "parata" a Torino dai partigiani. (Foto: archivio Paolo Crippa).

MIMETICHE E SEGNI DISTINTIVI

I colori di fondo dei semoventi italiani dalla loro creazione fino al 1945, (fra parentesi è indicato il periodo operativo di tale uso) utilizzati peraltro anche per tutti i mezzi corazzati, erano: grigio verde R.E. (1936-1945), cioccolato scuro (1936-1941), bruno rossiccio (1936-1943), ocra (per prototipi), sabbia (1941-1945), sabbia scuro (1943-1945), grigio scuro (1941-1943). Per la mimetica venivano usati: verde medio (1936-1943) e rosso scuro (per prototipi). I carri medi non erano ancora nati al tempo della Guerra d'Etiopia 1935-1936 e della Guerra Civile Spagnola 1937-1939.

Territorio nazionale 1936-1940 - sostanziale prevalenza di grigio verde.

Occupazione dell'Albania e fronte francese 1939-1940 - grigio verde.

Campagna di Grecia e Jugoslavia 1940-1941 - grigio verde eventualmente mimetizzato con macchioline verdi e color sabbia.

Africa Orientale 1940-1941 - grigio verde o nella vecchia mimetica della campagna d'Etiopia bruno rossiccio a macchie verdi.

Africa Settentrionale 1940-1943 - all'inizio solo grigio verde, colore con il quale venivano generalmente sbarcati ai porti di destinazione, poi colore sabbia nelle diverse versioni variegate. Non utilizzati nella Campagna di Russia 1941-1943.

RSI 1943-1945 grigio verde, color giallo sabbia scuro, color bruno rossiccio con macchiettature verde medio fitte, in colore uniforme panzer grey tedesco. In particolare erano color sabbia scuro i carri del "Leonessa" e del "San Giusto". Segnalo anche la presenza di mimetiche elaborate a scacchiere irregolari di fondo giallo sabbia e spezzoni verdi e marroni.

■ DISTINTIVI CARRI SEMOVENTI

Per riconoscere i singoli mezzi corazzati nelle operazioni militari, anche per l'Italia, si rese necessario introdurre un sistema di identificazione, anche perché almeno all'inizio non vi erano carri con apparati radio installati. Le radio, infatti, iniziarono ad essere installate con una certa regolarità solamente a partire dal 1941. All'inizio, per comunicare, si usavano bandierine con drappo rosso o bianco. La prima tabella di contrassegni distintivi dei carri risale al 1925 ed era molto complessa e articolata, sino all'eccesso. I gruppi numerici furono introdotti solo nel 1927, dopo la costituzione del Reggimento Carri; nel 1928 vennero poi emanate nuove disposizioni.

In queste tabelle ufficiali non si menzionavano mai i contrassegni per i **semoventi.** Capitò così che molte unità ne seguirono le direttive, mentre altre fecero di testa loro. Comparvero così sugli scafi i simboli più disparati, dalla testuggine nera della Divisione ariete, al centauro con arco a cavallo per l'omonima divisione. Si usarono figure geometriche (cerchi, triangoli o rombi) colorati e di dimensioni varie. Presto però si uniformò, almeno nell'"Ariete", l'uso dei triangoli (tipici dei soli semoventi).

Si trattava di triangoli con la punta rivolta verso il basso, e capovolto nel caso di carri comando. Di un solo colore o bicolori nelle scelte cromatiche già adottate nei carri armati: la prima batteria aveva il colore rosso, la 2ª l'azzurro, la 3ª il giallo, la 4ª il verde; il colore bianco era riservato ai carri comando. Le prime batterie avevano il triangolo di un solo colore. I triangoli delle varie batterie erano sormontati da un numero arabo (del colore della batteria) indicativo del semovente nella formazione organica del reparto. Alcuni semoventi adottarono dei guidoncini colorati sulle antenne radio, dello stesso colore per ogni gruppo: ad esempio il DLIV gruppo aveva guidoncini di stoffa rossi con un disegno geometrico centrale giallo diverso per ciascuno dei dodici semoventi del reparto. Tali simboli, per questo gruppo appartenente alla Divisione Littorio, venivano anche dipinti, sempre di rosso, sulla paratia posteriore della casamatta. I semoventi del CCXXX Gruppo d'assalto operante in Sicilia nel 1943, al posto del triangolo, usava come distintivo una sorta di guidoncino di colore nero sempre triangolare con l'effige di un teschio poggiato su ossa incrociate di colore bianco. Ogni mezzo, poi, poteva distinguersi anche per una precisa denominazione scritta in bianco su un rettangolo su sfondo rosso posto sulla fiancata dello scafo, che serviva anche come sigla di identificazione per le chiamate radio. La prima batteria del DLVII gruppo, ad esempio, scelse i nomi dei grandi condottieri italiani del Rinascimento: Fieramosca, Biancamano, Malatesta, Car-

magnola, Montecuccoli, Colleoni e Fortebraccio mentre i semoventi della 2ª batteria utilizzarono nomi di armi antiche: Freccia, Fionda, Strale, Picca, Dardo e Alabarda.

Altri gruppi adottarono il nome di vecchi fucili e artiglierie come: Archibugio, Spingarda, Colubruna ecc. Diversi semoventi, in onore al fatto che appartenevano all'artiglieria, portarono dipinto l'emblema dell'artiglieria corazzata (cannoni incrociati sormontati da granata e fiamma orizzontale) sul lato anteriore destro della casamatta (di regola era presente sul lato sinistro). Col tempo, però, si videro sempre più spesso adottare, da parte dei semoventi, l'uso dei rettangoli colorati già in uso nei carri medi e leggeri. Le batterie semoventi erano rappresentate da dei rettangoli colorati nel modo già indicato per i triangoli. Come segno di identificazione aerea, sui mezzi venne a volte dipinta una croce bianca di Savoia, posta a seconda del tipo di mezzo sul cielo della torretta o del vano motore.

A partire dal 1941, al posto della croce si dipinse un disco bianco di circa 70 cm di diametro. Nonostante circolari e indicazioni come già detto, numerose furono le eccezioni e varianti al regolamento ufficiale.

I semoventi passati poi nelle mani della Repubblica Sociale Italiana mostravano dipinti i segni distintivi dei vari reparti: il "Leonessa" aveva un segno distintivo un poco più complicato formato dalla M rossa di Mussolini, tagliata da un fascio di colore nero e sotto la scritta sempre in nero "GNR".

Il Gruppo Squadroni Corazzati "San Giusto" adottò un simbolo costituito da un tricolore semplice, sul quale fu aggiunta la sagoma di un carro armato nero a partire della primavera del 1944. Il tricolore fu sostituito successivamente (autunno 1944) con uno sventolante e la sagoma del carro con quella di un semovente. I semoventi catturati e poi riutilizzati dai tedeschi, (e oltre a questi anche quelli nuovi, ordinati dopo l'armistizio del 194) recavano le indicazioni tipiche dell'esercito tedesco a partire dalla *ritterkreuz* bianca e nera nelle sue diverse fogge. Lo stesso valeva per le mimetiche, con colori "tedeschi" per i mezzi entrati a far parte dell'esercito germanico.

▲ M13/40 e semovente da 75/34 del "San Giusto" durante un'esercitazione in campagna alla fine del 1944, entrambi con la nuova colorazione mimetica, (Foto: archivio Paolo Crippa). Colorazione autore.

▲ Il semovente da 75/34 viene approntato per ricevere la colorazione mimetica. Archivio Paolo Crippa.

▼ Interessante immagine che mostra l'equipaggio di un semovente 90/53 per intero, intento a caricare il pezzo. Notare anche il mezzo di supporto porta munizioni ricavato dallo scasfo del L6/40, dotato fra l'altro di una mitragliatrice Breda per difesa ravvicinata. Archivio Crippa. Colorazione dell'autore.

BIBLIOGRAFIA

- *Nicola Pignato I mezzi blindo-corazzati italiani 1923-1943, Storia Militare, 2005.*
- *Paolo Crippa Storia dei reparti corazzati della Repubblica Sociale Italiana 1943/1945, Marvia Edizioni, 2006.*
- *Pafi, Falessi, Fiore, Corazzati Italiani 1939-1945, D'Anna Editore, Roma, 1968. ISBN non esistente*
- *Nicola Pignato e Filippo Cappellano Gli Autoveicoli da Combattimento dell'Esercito Italiano, Volume Secondo, Tomo II – Ufficio Storico dello Stato Maggiore dell'Esercito – 2002*
- *Filippo Cappellano e Pier Paolo Battistelli Carri armati medi italiani 1939-45 ; New Vanguard Book 195 – Osprey Publishing, 20 dicembre 2012*
- *Antonio Tallillo, Andrea Tallillo e Daniele Guglielmi Carro M – Carri Medi M11/39, M13/40, M14/41, M15/42, Semoventi ed Altri Derivati Volume Primo e Secondo - Gruppo Modellistico Trentino di Studio e Ricerca Storica, 2012*
- *Nicola Pignato e Filippo Cappellano Andare contro i carri armati. L'evoluzione della difesa controcarro nell'esercito italiano dal 1918 al 1945 – Udine 2008*
- *Ralph A. Riccio Carri armati italiani e veicoli da combattimento della Seconda Guerra Mondiale – Mattioli 1885 – 2010*
- *Giulio Benussi Semicingolati, Motoveicoli e Veicoli Speciali del Regio Esercito Italiano 1919-1943 –Edizioni Intergest – 1976.*
- *Semoventi M41 & M42. Daniele Guglielmi. Armor Photogallery -Broncos (in inglese).*
- *Janusz Ledwoch Tank Power vol. CLXXXIII 443. Semovente da 75/32-34-46, 90/53, 105/25 - Polonia Widawnictwo militaria.*
- *Luca Stefano Cristini Italian Medium tank M13/40, M14/41 & M15/42 - Luca Stefano Cristini serie TEW Soldiershop. Italia 2022.*
- *Luca Stefano Cristini Semovente 75/18 e 75/34 - Luca Stefano Cristini serie TEW Soldiershop. Italia 2021.*
- *Luca Stefano Cristini I carri leggeri CV3 L-33-35-38 - Luca Stefano Cristini serie TEW Soldiershop. Italia 2022.*
- *Luca Stefano Cristini Carro leggero italiano L6-40 e Semovente L40 - Luca Stefano Cristini serie TEW Soldiershop. Italia 2023.*
- *Lorenzo Bovi, Antonio e Andrea Talillo. Semoventi da 47/32, 90/53 e 75/18 in Sicilia. Ediz. illustrata - Ardite edizioni 2021. Italia*
- *Paolo Crippa e Carlo Cucut I reparti corazzati italiani nei Balcani, Soldiershop 2019*
- *Paolo Crippa I reparti corazzati del R.E. E l'armistizio 1° Volume, Soldiershop 2021.*
- *Paolo Crippa I reparti corazzati del R.E. E l'armistizio 2° Volume, Soldiershop 2021.Paolo Crippa Il gruppo corazzato del Leoncello, Soldiershop 2021.*
- *Ugo Barlozzetti e A. Pirella Mezzi dell'Esercito Italiano 1935-45, Editoriale Olimpia, 1986.*
- *Panzer tracts No. 19-2 Beute Panzerkampfwagen, carri armati britannici, americani, russi e italiani catturati dal 1940 al 1945 – Thomas L. Jentz e W. Regenberg – Panzer Tracts – 2008*
- *Mussolini Tanks - Tank Powwer vol. XXIX. Polonia Widawnictwo militaria.*
- *Corazzati e blindati italiani dalle origini allo scoppio della seconda guerra mondiale, David Vannucci, Editrice Innocenti, 2003.*

TITOLI GIÀ PUBBLICATI

ALL BOOKS IN THE SERIES ARE PRINTED IN ITALIAN OR IN ENGLISH

VISITA IL NOSTRO SITO PER AVERE MAGGIORI INFORMAZIONI SU
THE WEAPONS ENCYCLOPAEDIA:
https://soldiershop.com/collane/libri/the-weapons-encyclopaedia/

TWE-020 IT